Sport in der Zeit der Weimarer Republik

Kevin Weiß

Bibliografische Information der Deutschen Nationalbibliothek:

Die Deutsche Nationalbibliothek verzeichnet diese Publikation in der Deutschen Nationalbibliografie; detaillierte bibliografische Daten sind im Internet über http://dnb.d-nb.de abrufbar.

ISBN: 9783346893239
Dieses Buch ist auch als E-Book erhältlich.

Druck und Bindung: Books on Demand GmbH, Norderstedt Germany
Gedruckt auf säurefreiem Papier aus verantwortungsvollen Quellen

Das vorliegende Werk wurde sorgfältig erarbeitet. Dennoch übernehmen Autoren und Verlag für die Richtigkeit von Angaben, Hinweisen, Links und Ratschlägen sowie eventuelle Druckfehler keine Haftung.

Das Buch bei GRIN: https://www.grin.com/document/1365995

Westfälische Wilhelms- Universität Münster
Historisches Seminar
Hauptseminar zur Neueren und Neusten Geschichte: Die Weimarer Republik: Sozialstaat
und Alltag
Wintersemester 2020/2021

Sport in der Zeit der Weimarer Republik

Vorgelegt von :

Kevin Weiß
Zweifachbachelor: Sport, Geschichte

Inhaltsverzeichnis

Einleitung

Die Weimarer Republik ist ein Spannender Abschnitt der deutschen Geschichte, benannt nach dem Ort der Entstehung, geründet nach dem ersten Weltkrieg und beendet vor dem zweiten. Eine Phase vieler Ereignisse wie der Besetzung des Ruhrgebietes, der Inflation, der Arbeiterbewegung und die Übernahme Hitlers. Aber auch der Sport entwickelte sich in der Zeit und die Menschen ließen ihn auf sich wirken und ein neues sportliches Menschenbild wuchs heran. Von Schönheitsidealen über Beseitigung von körperlichen Defiziten bis hin zur Erziehung durch den Sport. Das brachte der Sport den Bürgern zur Zeit der Weimarer Republik. In der Hausarbeit möchte ich das Potenzial des Sports im Abschnitt der W.R. genauer beleuchten. Ich werde durch Literaturrecherche vor allem die Arbeitersportbewegung genauer beschreiben und warum der Staat den Sport so stark förderte. Kurzgesagt, was brachte der Sport der Weimarer Republik. Dabei erläutere ich die einzelnen Bereiche etwas genauer, um ein Grundwissen für die Beantwortung der Fragen aufzubauen.

Am meisten konnte mir bei der Recherche zu den Bereichen des Sports das Buch der renommierten Autoren A. Güllich und M. Krüger *Sport, Das Lehrbuch für das Sportstudium* helfen. Die detailreichen Beschreibungen und die Menge an relevanten Informationen stellt das Grundgerüst meiner Hausarbeit da. Professor Dr. Krüger ist in Münster an der Westfälischen Wilhelms Universität angestellt und lehrt dort den Studierenden der Sportwissenschaft die Themen der Sportgeschichte und Sportpädagogik. Ich habe auch das Glück gehabt ihn als Lehrperson in der Vorlesung anzutreffen und kann mich an vieles zurückerinnern. Das Buch von Frau C. Eisenberg ist zwar etwas älter, aber dennoch habe ich keine Mängel vorzuweisen, auch hier haben sich viele nützliche Informationen herauskristallisieren können. Ebenso konnte mir die Literatur von Herrn Becker, welche auch öfter in dem Buch von Prof. Dr. Krüger und Prof. Dr. Güllich auftauchte, enorm bei der Beantwortung meiner Fragen helfen. Dennoch habe ich zu den Bereichen des Arbeitersports nicht als zu viel Literatur finden können. Trotzdem habe ich versucht mit den mir zu Verfügung stehenden Quellen und der Literatur das Thema so ausführlich wie möglich zu erläutern.

Die Weimarer Republik

Die Gründung

Die Weimarer Republik die auch als Zwischenkriegszeit bezeichnet wird, war ein Experiment, dessen kulturellen und gesellschaftlichen Standards bis heute unsere Normen widerspiegeln.[1]

Sie begann 1918, der erste Weltkrieg, welcher durch die Ermordung des österreichischen Thronfolgers Erzog Franz Ferdinand und seiner Gattin entstand, war beendet.[2] Am 19.01.1919 gewann die Weimarer Koalition welche aus der SPD, Zentrum und der DDP bestand, die Wahl der Verfassungsgebenden Nationalversammlung. Bei der Wahl durften erstmals Frauen ihre Stimmen abgeben und das Wahlalter wurde auf 20 Jahre runtergesetzt.[3] Die Koalition traf sich erstmals am 6. Februar 1919 und wählte Friedrich Ebert zum Staatsoberhaupt. Die Weimarer Verfassung, die in der Stadt Weimar am 31. Juli 1919 beschlossen wurde, trat somit in Kraft.

Merkmale

Die Parteien der Weimarer Republik waren sehr ausgeglichen, von Linksradikalen über Konservativen bis hin zu Rechtsradikalen war alles dabei. Die Deutsch-Nationale Volkspartei (DNVP), Deutsch Demokratische Partei (DDP), die Deutsche Volkspartei (DVP), Zentrumspartei (Z), Bayrische Volkspartei (BVP), Sozialdemokratische Partei Deutschlands (SPD), Unabhängige Sozialdemokratische Partei Deutschland (USPD), Kommunistische Partei Deu. (KPD) und die Nationalsozialistische Deutsche Arbeiterpartei (NSDAP) waren vertreten.[4] Die Fahnen der demokratischen Staatsform waren nicht mehr Schwarz-Weiß-Rot sondern von nun an Schwarz-Rot-Gold.[5] Merkmale der Verfassung waren die Grundrechte, die Volkssouveränität und die Gewaltenteilung.[6] Wirtschaftlich ging es Deutschland zu Beginn der W.R. nicht gut, da sie Reparationszahlungen nach dem ersten Weltkrieg leiten mussten.[7] Aufgrund des verhängten Zwangsurlaubes der Arbeiter im Ruhrgebiet und die Besetzung

---

[1] Vgl. Becker, S., Krause, R. 2020. Jahrbuch zur Kultur und Literatur der Weimarer Republik, S.9.
[2] Vgl. Lexikon der Geschichte, 1980. Band 2, S. 570-573.
[3] Vgl. History Blog. Weimarer Republik Zusammenfassung – 2:22-2:40 min, Youtube.
[4] Parlamentshistorische Ausstellung des deutschen Budenstages. Die Parteien der Weimarer Republik.
[5] Vgl. Lexikon der Geschichte, 1980. Band 2, S.565.
[6] Vgl. History Blog. Weimarer Republik Zusammenfassung – 3:30-3:35 min, Youtube.
[7] Vgl. Die Weimarer Republik, Oldenbourg Grundriss der Geschichte, S.44.

des Areals und dadurch endstehenden Kosten für den bezahlten Urlaub und den Erwerb von Kohle aus dem Ausland, stiegen die Kosten der Republik stark an.

Im Dezember 1922 stand der Kurs Mark zum Dollar bei 8.000, im April rund um 20.000. Der August notierte einen Kurs Wert von einer Million.[8] Die goldenen Zwanziger welche von 1924-1929 gingen zeichneten sich durch den Aufschwung der Wirtschaft und ein Wachstum eines neuen Lebensgefühls sowie an Künstlerischen Kreativität aus.[9] Als am 25.8.1929 die Weltwirtschaftskrise ausbrach verbreitete sich in Deutschland die Massenarbeitslosigkeit.[10]

Das Ende

Die Krise und die daraus resultierende Probleme des Staates überforderte die Regierung. Somit endete 1933 die Zeit der Weimarer Republik mit der Übernahme Adolf Hitlers, welcher aufgrund der Überforderung und den daraus resultierenden Wechsel der Regierung, nach mehreren abgelehnten Bewerbungen nun doch als Reichskanzler ernannt wurde.[11]

---

[8] Vgl. Die Weimarer Republik, Oldenbourg Grundriss der Geschichte, S.52.
[9] Ebd., S. 95.
[10] Ebd., S. 197.
[11] Ebd., S. 267.

Der Sport

Bedeutung für den Einzelnen

Ein Zitat der EU-Kommission 2007 beschreib den Sport so: „Der Sport propagiert wichtige Werte wie Teamgeist, Solidarität, Toleranz und Fairplay und trägt zur Persönlichkeitsentwicklung und -entfaltung bei. Er fördert die aktive Beteiligung der EU-Bürger an der Gesellschaft und damit die aktive Bürgerschaft." [12]

Der Sport hat für jeden eine andere Bedeutung. Für den einen ist es eine anstrengende Bewegungsabfolge, die nur ausgeübt wird, wenn sie nicht vermieden werden kann. Ganz nach dem Motto: „Sport ist Mord".
Für den Anderen ist es purer Spaß und Freude an der Sportart. Die Personen haben sich meistens schon früher für eine Sportart interessiert und ggf. auch öffentlich verfolgt. Im Sinne von TV-Übertragungen oder auch durch den Support des Örtlichen Sportvereins wurde eine Verbindung zur jeweiligen Sportart aufgebaut. Somit besuchen die Personen Einrichtungen und die Sportart in regelmäßigen Abständen zu betreiben.

Schon damals änderte sich die Körperkultur und erzeugte dadurch ein neues Schönheitsideal. A. Güllich und M. Krüger sagten dazu folgendes: „Die Versportung der Körperkultur äußerte sich auch darin, dass neben das traditionelle Bild des straffen, disziplinierten Turners nun das angelsächsisch-amerikanische Ideal des Sportsmanns bzw. ein westlich geprägtes Sportlichkeitsideal generell trat, das für Frauen und Männer gleichermaßen galt." [13]

So entwickelte sich auch das Sporttreiben für die Ästhetik. Männer fanden mehr Gefallen am neuen Frauenbild. Somit fingen auch Frauen mit dem Sport an, um den neuen Schönheitsidealen gerecht zu werden. Dies kann man auch heutzutage noch beobachten. Frauen und Männer gehen in eine Fitnesseinrichtung, um ihren Schönheitsidealen und Wunschkörpern, ein Stück näher zu kommen.

---

[12] Güllich, A., Krüger, M. 2013. Sport, S. 373.
[13] Güllich, Krüger 2013, S. 347.

Funktionen des Sports

Sport wird auch ausgeübt, um sich fit zu halten, um Krankheiten abzuwehren, ein besseres Immunsystem zu bekommen. Kurzgesagt: Sport ist ein wichtiger Parameter der Gesundheitsvorsorge.

Dazu kann er noch eine Integrationsfunktion besitzen und dabei helfen einen schnellen Anschluss zu finden.[14]

Zu den weiteren Funktionen des Sports zählt unter anderem der Beitrag zur Sozialisation und Lebenshilfe, die Demokratiefunktion, die ökonomische Funktion und die schon genannten Funktionen der Integration und Gesundheit[15]. Nach Rittner und Breuer (2004)[16] sind Sportvereine die erfolgreichste gesellschaftlichste Organisation, gemessenen an den Mitgliederzahlen. In ländlicheren Räumen stellen Sportvereine einen großen Anteil der Gemeindekultur da, dennoch gibt es bei der Integration von Migranten ein Defizit. Besonders bei der der Integration von weiblichen Migranten. Sie finden eher schwerer in Sportvereine.[17] Leider sind die Sportvereine immer noch sehr in der Mittelschicht verankert. Es finden sich selten Personen von sozial benachteiligten Familien in Vereinen wieder.[18] Dennoch kann Sport zur positiven Entwicklung des Selbstkonzeptes beitragen.[19] Wenn man sich dazu das Phasenmodell von Klaus Heinemann und die Sozialisation im Sport genauer anguckt sieht man deutlich, dass Sport eine positive Auswirkung auf das Selbstkonzept von Kindern und Jugendlichen erzeugt.

---

[14] Vgl. Pawlowski, T. Breuer, C. 2012. Die finanzpolitische Bedeutung des Sports in Deutschland, S.28.
[15] Güllich, Krüger 2013, S. 347.
[16] Rittner, V. & Breuer, C. 2004. Gemeinwohlorientierung und soziale Bedeutung des Sports.

[17] Vgl. Güllich, Krüger 2013, S. 373.
[18] Ebd., S. 373.
[19] Ebd., S. 305.

Arbeitersport und Sportverbände

Der Sport-Boom

Aus den englischen Gentlemen oder Sportsmen - amateursport wanderte der „Sport" in die Kreise der Gesellschaft und somit auch in die Arbeiterschicht. Von dort breitete der Sport sich in der ganzen Welt aus.[20]

Trotz der zahlreichen Krisen, während der Weimarer Republik wie z.b. der Inflation, der Arbeitslosigkeit und der Armut, boomte der Sport so stark, dass sogar ein neues Sportliches Menschenbild erschaffen wurde. Der Staat, die Politik und die Kultur und die Gesellschaft haben dies zunehmend anerkannt.[21] Die Sportarten breiteten sich immer weiter aus. Fußball, Turnen, Leichtathletik, Ruder und Schwimmvereine wurden gegründet. Englische Gentlemen Sportarten wie z.b. Reiten, Tennis oder Golf breiteten sich ebenfalls immer mehr aus. Leibesübungen wie das Turnen waren mittlerweile auch an Schulen unterrichtet worden.

M. Krüger und A.Gullich schrieben in Ihrem Buch Sport (2013) „Die Alternative zum bürgerlichen Sport war deshalb ein sozialistischer Arbeitersport für die werktätigen Massen, der einerseits der Erholung und Stärkung der Gesundheit und Arbeitskraft dient und andererseits einen Beitrag zur klassenbewussten Erziehung der Arbeiter leistet. Mit diesen Argumenten wurden Proletarier von den sozialistischen und kommunistischen Turn- und Sportorganisationen aus den als bürgerlich bezeichneten Turn- und Sportvereinen abgeworben"[22]

Der Sportboom war da, und sorgte dafür, dass immer mehr Sportstätten entstanden. Der Boom half auch dabei, den Sport interessanter und zugänglicher zu gestalten, besonders junge Männer und Frauen entdeckten ihn für sich. Ebenfalls die Arbeiter und Heimwerker haben einen Zugang gefunden.

---

[20] Ebd., S. 339.
[21] Ebd., S. 347.
[22] Ebd., S. 383.

Der Arbeitersport

Das Arbeiterturnen und die Sportbewegungen standen durch die frühere Partei der SPD sehr nahe.[23] Sie waren von sozialistischen Ideen beeinflusst und kämpften für die Freiheit und Rechte der Arbeiter.[24]

Der Arbeiter Turn Bund (ATB) welcher 1893 in den Startlöchern stand sowie der Arbeiterradfahrer-, Schwimmer-, Athleten- und der Samariterbund schlossen sich zusammen und gründeten 1912 die Zentralkommission für Körperpflege und Sport.

Die Arbeitersportbewegung konnte in den 1920er sich über zahlreiche Sport- und Turnfeste freuen. Die Krönung war 1925 eine Arbeiterolympiade, welche in dem neu gebautem Waldstadion in Frankfurt ausgetragen wurde. Die Bewegungen engagierte sich in Bereichen der Entwicklung von Sport und der Körperkultur.

1925 wurde ebenso die Bundesschule des Arbeiter-Turn und Sportbund (ATSB) in Leipzig eröffnet, dies bildetet zugleich auch das Zentrum des sozialdemokratischen Arbeitersports.[25] In der Bundesschule wurden Übungsleiterinnen und Übungsleiter für die Arbeiter-Turn und Sportvereine ausgebildet.

Die Kirchen griffen die Interessen der Jugend auf und konnten dadurch ebenfalls einen Aufschwung des konfessionellen Sports erzeugen. Der Christliche Verein junger Männer (CVJM) entstand und entwickelte eine christliche Turn- und Sportbewegung, der Name der Bewegung lautete Eichenkreuz. 1920 wurde in Würzburg der Träger der sportlichen Jugendarbeit auch Deutsche Jugendkraft (DJK) genannt, gegründet. In Münster ist 1925 eine Lehr und Ausbildungsstätte dazu errichtet worden.[26]

Auch Jüdische Turnverbände gab es zu der Zeit, doch diese spalteten sich in der Weimarer Republik, in die der Sportorganisation Schild oder der Makkabi Vereine.[27]

---

[23] Ebd., S. 349.
[24] Ebd., S. 341.
[25] Ebd., S. 349.
[26] Ebd., S. 350.
[27] Ebd., S.350.

Sportarten

Es gab viele verschiedenen Sportarten zur Zeit der Weimarer Republik. Zu den beliebtesten Sportarten zählten neben dem Turnen und dem Fußball die Leichtathletik, das Schwimmen, Boxen, Tennis, Rudern, Ski, Radfahren, Hockey und Rugby.[28] Der Statistiker des Reichsausschusses für Leibesübungen Karl Brandt, kam im Jahr 1931 auf eine Mitgliederzahl von neun Millionen Menschen, nach Abzug von Doppelzählungen kam der Wert von rund sieben Millionen Mitgliedern. Brandt sprach davon, dass etwa elf von hundert Leuten in einem Verein für Leibesübungen gemeldet seien.[29]

Turnen

Die wohl bekannteste Sportart der Weimarer Republik war das Turnen, welches sich im 19. Jahrhundert etablierte, die Deutsche Turnerschaft (DT) repräsentierte dies. Nicht lang ließ es auf sich warten und ein flächendeckendes Schulturnen, zunehmende sportliche Inhalte und Leibesübungen wurden verpflichtend. Im Jahr 1930/31 zählte man 6.484.722 Mitglieder im engeren Sinne, welche in 38 Turn- und Sportverbänden gelistet waren. [30] Das turnen war ursprünglich nur von Arbeitern und bürgerlichen Schichten bestritten worden. Der „Sport" hingegen wurde bevorzugt, von wohlhabenderen und intellektuelleren Kreisen, dazu zählen insbesondere Gymnasiasten und Studenten.[31]

---

[28] Vgl. Eisenberg, C. 1993. Massensport in der Weimarer Republik, S.155. Annahme aus den Mitgliederzahlen.
[29] Vgl. Eisenberg 1993, S. 146.
[30] Güllich, Krüger 2013, S. 347.
[31] Güllich, Krüger 2013, S. 343.

Fußball

Der Fußball welche eine Erfindung von Pädagogen war, entstand ca. 1850 in England. Der Sport sollte ein zivilisiertes und an verbindlichen Regeln orientiertes Spiel werden.[32] In Deutschland wurde das Spiel durch die Angehörigen der Mittelschicht populär, Gymnasiasten, kaufmännische Angestellte und Studenten verbreiteten ihn.[33] Fußball konnte, wie kein anderer Sport, Emotionen wecken.[34] Dies war auch der Grund warum 1914 ca. 2200 Vereine und somit auch ca. 190 000 Mitglieder beim DFB gemeldet waren.[35] 1929 übertraf sogar die Zahl der Vereine, die der Kinotheater in Deutschland mit 7117 gegenüberliegend zu 5267.[36] Im selbem Jahr wurden dem DFB 523.314 Spiele gemeldet.[37] Der Spiel Sport war aber auch benutzt worden um ein Gemeinschaftsbewusstsein, Nationalgefühl und Patriotismus im Menschen aufzubauen. Er sollte auch zur Bekämpfung des Sozialismus verwenden werden.[38] Die Beziehung zwischen Turnern und Fußballern war sehr angespannt. Die DT sah den Fußball als Konkurrenz, daher wurden Mitglieder aus Turnvereinen, welche eine Fußballmannschaft bildeten, gebeten sich zu verselbständigen.[39] Doch im Gegensatz zur weit verbreiteten Annahme, dass der Fußball der nur bedingt als ein „Arbeitersport" angesehen werden kann, verfügt er in Deutschland über keine Volksgeschichte oder Tradition.[40] Der Fußball gewann nach Ende des ersten Weltkrieges und der Spaltung der Arbeiterbewegung an Zuwachs von gewerblichen Arbeitern. Auch nach der Einführung des achtstunden Tages blieb der Sport bei den Arbeitern beliebt.[41] Fußball entwickelte sich zum Zuschauer Magneten, durchschnittlich 50 000 Menschen kamen zu den Endspielen der deutschen Meisterschaften.[42]

Es gab aber auch noch andere Sportarten die zur Zeit der Weimarer Republik viel Aufmerksamkeit bekamen. Dazu gehörten unter anderem das Boxen und das Radrennen. Ein Grund dafür war die Population der neuen Massenmedien.[43]

---

[32] Vgl. Eisenberg, C. 1994. Fussball in Deutschland 1890-1914, S. 181.
[33] Ebd., S. 182.
[34] Ebd., S. 182.
[35] Ebd., S. 183.
[36] Vgl. Eisenberg, 1993, S. 148.
[37] Vgl. Eisenberg, 1993, S. 148.
[38] Vgl. Eisenberg 1994, S. 185.
[39] Vgl. Eisenberg 1994, S. 187.
[40] Vgl. Güllich, Krüger 2013. S. 344.
[41] Vgl. Eisenberg 1994, S. 209.
[42] Vgl. Eisenberg 1993, S. 148.
[43] Vgl. S. Becker, R. Krause. 2020. Jahrbuch zur Kultur und Literatur der Weimarer Republik, S. 48.

Nutzen des Sports

Für den Sportreibenden

Auf der Seite des Arbeitersports erwähnte Prof. Dr. Krüger bereits, dass dieser für die Massen als Erholung und Stärkung der Gesundheit dient. Becker (2006) kann dies ebenfalls bestätigen, er schrieb: „Für die sozialistische Körperphilosophie, die in der Arbeitersportbewegung gepflegt wurde, war die Kompensation der schädlichen Wirkung der Fabrikarbeit ein wichtiges Anliegen. Gerade die Einseitigkeit der körperlichen Belastung im Beruf sollte durch Turnen und Sport ausgeglichen werden. Licht, Luft und frei Natur versprachen Erholung vom Lärm und Gestank {...}."[44] Dies war also ein ausschlaggebender Punkt der Arbeitersportbewegung. Die Ansicht der Sporttreibenden sollte frei von religiösen „Scheuklappen" sowie von bürgerlicher beklemmtheit sein. Ziel des Sporttreibenden war es Stärken auszubauen und seine vorhanden Schwächen auszugleichen. Dadurch wurde auch mehr aus Hygiene und Gesundheitspflege geachtet.[45]

Für den Staat

Der Turnsport, der von Turnvater Jahn ausging, besaß offenkundig eine Verbindung zur Wehrtauglichkeit. Demonstrationen durch Großveranstaltungen sollten dazu beitragen, die Schlagkraft zu verdeutlichen, bei den Veranstaltungen traten oft Unterbrechungen auf, die von Massendarbietungen eingerahmt wurden.[46] Der Turnsport kam ebenfalls in den Genuss von Subventionen, welche aus der öffentlichen Hand stammte.[47]

Der Kriegscharakter in Sportspielen wie dem Fußball wurde 1900 von dem DFB extra hervorgehoben. Es sollte ein solidarisches „Kampfspiel" sein.[48] Dies machte sich die Nationalisierung zum Nutzen und konzipierte statt der Olympischen Spiele die „Deutschen Kampfspiele" welche von 1922 bis 1934 regelmäßig stattfanden.[49]

Dies Spiegelt auch die Annahme wider, dass der Arbeitersport eine Vorbereitung für einen Klassenkampf sein soll.[50]

---

[44] Becker, F. 2006. Revolution des Körpers-Der Sport in Gesellschaftsentwürfen der klassischen Moderne, S. 90.
[45] Vgl. Becker 2006, S.92.
[46] Vgl. Becker 2006, S. 91.
[47] Vgl. Eisenberg 1993, S. 152.
[48] Vgl. Eisenberg 1994, S.208.
[49] Vgl. Güllich, Krüger 2013, S. 348.
[50] Vgl. Güllich, Krüger, 2013. S. 348.

Ein weiterer wesentlicher Grund für den Aufstieg der Sport- und Turnbewegung zur Zeit der Weimarer Republik wird in den Bestimmungen des Versailler Vertrages gesehen. Deutschland durfte laut des Vertrages nur eine Rumpfarmee von 100.000 Mann besitzen. Somit fiel die „Schule der Nation" bzw. die Armee weg. Stattdessen trat der Wehrtüchtige Sport in seine Fußstampfen. Durch deutsche Leibesübungen sollte das Volk gesund, kräftig und zweifellos wehrtüchtig gemacht werden. Neben den etablierten Turn- und Sportvereinen und Verbänden gründeten sich diverse Organisationen und Vereine mit paramilitärischen Charakter, welche sich nach außen hin als „sportlich" tarnten. Ein Beispiel wäre die paramilitärische Kampftruppe der Nationalsozialisten die sich wiederum als Turn- und Sportabteilung der NSDAP nannte. In der darauffolgenden Zeit wurde die Abteilung umbenannt, der neue Name der angeblichen Sportorganisation lautete nun „Sturmabteilung" (SA). Zum Ende der Weimarer Republik wurde der Sport und die Jugend immer mehr militarisiert.[51]

Beispiele aus anderen Ländern

In der Sowjetunion hingegen ist der Sport gezielt als Bestandteil der Staatsdoktrin eingesetzt worden. In den 1918-1920er wurde der Aspekt der Wehrtüchtigkeit in den Vordergrund gesetzt, Grund dafür waren die Bürgerkriegsjahre. Die Regierung fing an den Sport stark zu fördern. Ihnen gefiel das aufklärende und verweltlichtes Verhältnis zum Körper. Ebenso trug der Sport zur Veränderung der Mentalitäten und der Erziehung bei.[52] Der Sport sollte der Bevölkerung die nötige Disziplin lehren, Russland sah die Disziplinlosigkeit als Hindernis zur Weiterentwicklung des Landes an. Die Disziplin des Sports wurde von den Bürgern Akzeptiert und als Wohlwollen des eigenen gemacht.[53] Ebenfalls ist in den USA eine Nationalerziehung mittels Sport eingeführt worden, der damalige US Präsident Theodore Roosevelt verpflichtete die Städte, den Bürgern kostenlose Sportanlagen und Volksparks zur Verfügung zu stellen. Ebenfalls trat an Colleges und Universitäten der verpflichtende Sportunterricht in Kraft.[54]

---

[51] Vgl. Güllich, Krüger, 2013, S. 348.
[52] Vgl. Becker 2006, S. 92.
[53] Vgl. Becker 2006, S. 93.
[54] Becker 2006, S.98.

Ergebnis und Ausblick

Sport ist für jede Person etwas anderes, denn jeder Mensch ist individuell und besitzt somit auch individuelle sportliche Interessen. Es kann das Mannschaftsgefühl sein oder auch die Verbesserung körperlicher Leistungen.

Zur Zeit der Weimarer Republik breitete sich der Arbeitersport immer weiter aus. Es sollte die Alternative zum bürgerlichen Sport sein und zur Erholung eines stressigen Arbeitstages dienen. Die zahlreichen Stärken des Arbeitersports sollten Sportler aus den herkömmlichen Turn- und Sportvereinen abwerben. Es entwickelte sich eine Sympathie zur damaligen SPD, diese kämpfte für Rechte und Freiheiten der Arbeiter. Die Arbeitersportentwicklung engagierte sich in Bereichen der Entwicklung von Sport und Körperkultur. Von ihr gingen auch zahlreiche Organisationen wie z.b. der Arbeiter-Turn und Sportbund (ATSB) aus. Dieser legte den Grundstein für die Bundesschule in der Übungsleiterinnen und Übungsleiter für Sportvereine ausgebildet wurden.

So bleibt jetzt nur noch die Frage zum Potential des Sports und die Interessen des Staates zu klären. Denn auf dem ersten Blick schien der Sport als eine Art der Erholung zu sein. Ein Ausgleich des körperlich anstrengenden Arbeitsalltages. Sporttreibende versuchten Stärken auszuarbeiten und die Schwächen zu beseitigen. Doch der Staat sah was anderes im Sport. Wie oben beschrieben setzte unter anderem die Sowjetunion den Sport als Erziehungsmittel ein. Sie erkannten, dass die Bürger mehr Disziplin benötigen. Die USA hingegen erschufen Sportstätten und verpflichtete den Sport in den Universitäten und Colleges um eine Nationalerziehung einzuleiten. Somit entstanden riesige Sportparks, damit die Bürger mehr Sport betreiben können und sportlicher aufwuchsen. Deutschland machte dies ebenfalls. Sie haben die Körperertüchtigung in Form von turnerischen Übungen verpflichtend in den Schulunterricht gesetzt. Der Arbeitersport rüstete zudem auch die Arbeiterschaft für einen Klassenkampf. Der Versailler Vertrag sah vor ein Heer von rund 100.000 Männern und Frauen zu besitzen. Dies konnte mittels paramilitärischen Sportorganisationen bzw. Vereinen unter verschiedenen Decknamen hintergangen werden. Abschließend können wir sagen, dass der Sport der Weimarer Republik eine Disziplinierung und Erziehung der Bürger beschert hat. Er half dabei sich auf den Kampf vorbereiten und die Armee trotz Vertrag groß zuhalten. Der Sport schenkte den Bürgern Erholung und konnte helfen ihre Schwächen zu vermindern.

Literaturverseichnis

Becker, F. (2006). Revolution des Körpers – der Sport in Gesellschaftsentwürfen der klassischen Moderne. In A. Gestner, B. Könczöl, J. Nentwing (Hrsg.), *Der neue Mensch. Utopien, Leitbilder und Reformkonzepte zwischen den Weltkriegen* (S. 87 – 104). Frankfurt/M: Lang

Becker, S., Krause, R. (2020). *Jahrbuch zur Kultur und Literatur der Weimarer Republik.* (Auflage 20/21). München: edition text+kritik.

Eisenberg, C. (1993). Massensport in der Weimarer Republik. Ein statistischer Überblick. *Archiv für Sozialgeschichte, 33,* 137-164.

Eisenberg, C. (1994). Fussball in Deutschland 1890-1914: ein Gesellschaftsspiel für bürgerliche Mittelschichten. *Geschichte und Gesellschaft, 20,* 181-210.

EU-Kommission (2009). *Weißbuch Sport.* Brüssel: EU-Kommission. Felderer, B., Helmenstein, C., Kleissner, A., Moser, B., Schindler, J. & Treitler, R. (2006). *Sport und Ökonomie in Europa. Ein Tour d' Horizon.* Studie im Auftrag des Bundeskanzleramts, Sektion Sport. http://www.sportmi- nisterium.at/files/doc/Studien/SportundOekonomieEndbericht.pdf, Stand: 30.05.2012.

Fachbereich XI (WD1). (2006). Parlamentshistorische Ausstellung des deutschen Budenstages. Die Parteien der Weimarer Republik. *Forum Parlamentsarchiv des Bundestags.* Zugriff am 11. Aprill 2021 unter https://www.bundestag.de/resource/blob/190452/136d18f9322d451e7ab98e916bdf7d32/parteien_weimarer_republik-data.pdf.

Güllich, A., Krüger, M. (2013). *Sport. Das Lehrbuch für das Sportstudium.* Berlin: Springer-Verlag.

History Blog. (2016, 14. November). Weimarer Republik Zusammenfassung (Video). Zugriff unter Youtube https://www.youtube.com/watch?v=4DuKvdfmfdk.
Kolb, E., Schumann, D. (2013). *Oldenbourg Grundriss der Geschichte. Die Weimarer Republik.* München: Oldenbourg Verlag.

Lexikon-Institut Bertelsmann. (1980). *Lexikon der Geschichte.* Gütersloh: LEXIKOTHEKE Verlag

Pawlowski, T. Breuer, C. (2012). Die finazpolitische Bedeutung des Sports in Deutschland. Gesellschaftliche Nutzeffekte des Sports. Wiesbaden: Springer Verlag.

Rittner, V. & Breuer, C. (2004). *Gemeinwohlorientierung und soziale Bedeutung des Sports.* Köln: Strauß.